COMITÉ DUPLEIX

26, Rue de Grammont

D*r* *général* : Gabriel Bonvalot

Notre OEuvre

Son Passé et son Avenir

par

ARTHUR MAILLET

PARIS

AUGUSTIN CHALLAMEL, Éditeur

Rue Jacob, 17

Librairie maritime et coloniale

—

1898

Janvier 1898.

Notre Œuvre

Son Passé et son Avenir

TYPOGRAPHIE FIRMIN-DIDOT ET Cⁱᵉ. — MESNIL (EURE)

COMITÉ DUPLEIX

26, Rue de Grammont

D^r général : Gabriel Bonvalot

Notre OEuvre

Son Passé et son Avenir

par

ARTHUR MAILLET

PARIS

AUGUSTIN CHALLAMEL, Éditeur

Rue Jacob, 17

Librairie maritime et coloniale

1898

Janvier 1898

COMITÉ DUPLEIX [1]

Président du Comité d'action : M. Félix MANGINI,
officier de la légion d'honneur.

---

*Nous prions instamment toutes les personnes qui
recevront cette brochure de la lire avec attention,
afin de se pénétrer du but et des moyens d'action
du Comité Dupleix. Pour mener à bien notre œuvre,
nous avons besoin du concours de tous les bons
Français et aucun d'eux n'a le droit de nous le re-
fuser. Notre ambition est vaste, puisqu'elle se pro-
pose d'arrêter le mouvement de décadence que subit
actuellement la France et de lui rendre force et prospérité. Que chacun nous aide, suivant ses moyens.
A ceux qui ont de l'argent, nous demandons de l'argent; à ceux qui n'en ont pas, nous demandons un
peu de leur influence, de leur talent, de leur activité,
de leur temps. Nous réclamons aussi instamment
l'appui de toutes les Chambres de Commerce, syn-
dicats et autres Sociétés. Il y a place, à nos côtés,
pour toutes les bonnes volontés.*

---

[1] Voir page 46 (articles 4, 5 et 6 de nos statuts), comment
on devient *membre sociétaire* ou *membre adhérent* du Comité
Dupleix.

NOTRE ŒUVRE

SON PASSÉ ET SON AVENIR

Quand il fonda le Comité Dupleix (1), Bonvalot se heurta au scepticisme de bien des gens. L'un de ses amis, lui écrivait : « Ce que vous tentez, ce n'est ni plus ni moins que niveler le Mont-Blanc avec une pelle. » Ces paroles ne surprirent pas Bonvalot. Ne sont-elles pas celles qui attendent tout homme à la veille d'entreprendre une œuvre nouvelle? Il laissa dire comme il avait laissé dire pour la traversée du Pamir et celle du Thibet et il alla son train, profitant des concours qui s'offraient, se passant de ceux qui se refusaient.

Plus tard, beaucoup plus tard, ce sera une besogne fort intéressante que de raconter les débuts du Comité Dupleix. Ils nous furent une parfaite occasion d'étudier sur le vif l'âme de beaucoup de nos contemporains, surtout de ceux qui possèdent le pouvoir ou l'argent. Des hommes auxquels, pour faciliter notre tâche, il suffisait de donner un ordre ou de desserrer les cordons d'une bourse pleine au point d'en être gênante, comme certains ventres d'hommes trop gras, nous éconduisirent. Leurs raisons? Ils n'en avaient pas sinon qu'étant parfaitement heureux, ils esti-

(1) Voir page 38 le programme du Comité Dupleix.

maient que tout était pour le mieux dans le meilleur des pays. A aucun degré, ils ne nous ont paru avoir souci de l'avenir de la France. Contre l'égoïsme poussé à ce point, toute éloquence est vaine. Autant vaudrait parler peinture à un aveugle-né.

Mais aussi quelles agréables surprises nous étaient réservées! Quels précieux encouragements nous avons rencontrés là même où nous ne les espérions pas! Il y a en France infiniment plus de bons Français qu'on ne croit. L'indifférence n'est pas encore une maladie nationale. Elle a atteint seulement une minorité. Il est vrai que c'est cette minorité qui nous dirige et de là viennent nos mécomptes.

Partageant nos inquiétudes sur la situation de la France, des centaines de personnes nous ont apporté un concours si empressé qu'on eût dit qu'elles attendaient notre initiative. C'est à elles que nous devons d'avoir pu nous mettre à l'œuvre, et, au début de ce travail où nous allons passer en revue les résultats déjà acquis et ceux qui restent à acquérir, nous leur adressons nos bien sincères remerciements.

Bonvalot avait demandé aux souscripteurs du Comité un crédit de cinq années. Ce laps de temps lui semblait nécessaire non pas certes pour obtenir toutes les réformes désirables, mais pour prouver qu'il était possible de les obtenir, en éclairant l'opinion publique. Or, voilà qu'au bout de trois années seulement une partie de ce programme est atteinte de façon inespérée. La mise en valeur de nos colonies n'est pas encore la principale préoccupation de nos hommes politiques et de nos fonctionnaires, surtout ils n'ont pas encore à ce sujet des idées suffisamment justes, mais déjà elle est le principal sujet de leurs discours. M. Félix Faure lui-même, dans un toast prononcé devant des négociants à la Bourse du Commerce, les a invités à diriger leurs efforts vers nos colonies. Toutes ces paroles n'ont pas été perdues. A l'heure qu'il est des milliers de vocations coloniales se lèvent sur toute la surface de la France.

Si nous nous tenions aux apparences, nous aurions tout lieu d'être satisfaits. Mais ce résultat auquel le Comité Dupleix a contribué, dans une si large part, nous donne, nous ne craignons pas de l'avouer, presque autant d'inquiétude que de joie. Notre situation peut assez bien être comparée à celle d'un cultivateur qui en présence d'une récolte merveilleusement préparée songe aux nombreuses chances de destruction qui la menacent. Ses regards anxieux se tendent vers l'horizon et le moindre point noir l'inquiète. Notre point noir à nous, c'est la versatilité de l'esprit français. Fréquemment, nous nous demandons si ce bel élan ne sera pas un faux départ de plus. Nous avons cette inquiétude à un point extrême. Si c'était en vain que l'esprit de tant de jeunes gens a été troublé, ce serait un irréparable désastre, car il serait définitivement acquis que nous sommes impropres à faire notre partie dans les luttes actuelles. Et il ne nous resterait plus qu'à attendre que la maladie de consomption dont nous semblons atteints, arrive à son terme. Nous ne pouvons bien entendu nous résigner à cette éventualité et notre inquiétude a seulement pour résultat d'exciter notre ardeur. Les résultats obtenus sont du reste, garants de ceux qu'on peut encore obtenir.

Nos souscripteurs connaissent notre programme, mais beaucoup ignorent de quelle façon nous l'avons rempli. Après trois années d'expérience, il reste entier, ce qui est le meilleur éloge qu'on en puisse faire. Pourtant nous avons insisté plus particulièrement sur certaines de ses parties et nous lui en avons ajouté quelques-unes.

Notre besogne se divisait en deux parties bien nettement tranchées : *Faire naître des vocations et les*

diriger, c'est-à-dire semer et récolter. La première
s'est effectuée au moyen de *conférences, conversa-*
tions, publications d'articles et de volumes ; la seconde
consistait en *l'organisation d'un service de rensei-*
gnements aussi complets que possible. Examinons-
les à tour de rôle.

Conférences de M. Bonvalot.

M. Bonvalot auquel revient l'idée du Comité Dupleix, en a été jusqu'à ce jour, l'ouvrier le plus actif.
Il a porté la bonne parole dans tous les milieux parisiens où il était nécessaire qu'elle fût portée et aussi
dans la plupart des grandes villes. Partout sa notoriété, sa brutale franchise, son ardente conviction
ont fait merveille. Chacune de ses conférences a laissé
des traces profondes. Il a communiqué le feu sacré à
de nombreux jeunes gens et — résultat plus difficile
sans contredit — il a obtenu des parents qu'ils n'étei-
gnent pas ce feu.

Mais par-dessus tous les autres, un discours de
M. Bonvalot, a eu un profond retentissement. Nous
voulons parler du discours de la Sorbonne, à propos
du bi-centenaire de Dupleix. Ce jour-là, ses paroles,
grâce à l'endroit où elles étaient dites, grâce à la
solennité de la cérémonie et à la présence de tant
de notabilités en tout genre, grâce aussi aux journaux
qui leur ont donné toute l'importance qu'elles méritaient, ont été entendues de toute la France. Le *Temps*
a écrit que cette cérémonie marquerait une ère nouvelle dans nos méthodes coloniales. Nous avons ac-
cepté son augure.

Ce discours a eu également pour résultat de poser

la question sur son vrai terrain qui est celui de l'éducation. M. Bonvalot s'est appliqué à montrer que nos systèmes d'éducation n'étaient plus en rapport avec nos besoins nouveaux et que par suite ils devaient être rendus, en grande partie, responsables de nos fautes et de nos défauts.

Au début de l'année dernière, M. Bonvalot, sur les instances pressantes du gouvernement, s'est rendu en Abyssinie. Ce voyage a arrêté, durant quelques mois, sa propagande personnelle. Mais dès son retour, il s'est remis à la besogne avec plus d'ardeur que jamais.

Successivement, il parcourra toute les régions de la France. Dans chaque ville, il s'efforce de trouver des hommes assez dévoués pour y cultiver les graines qu'il sème. Nous avons le bon espoir qu'avant la fin de cette année, le Comité aura en province plusieurs centres actifs qui faciliteront singulièrement sa tàche.

Conférences avec projections.

Si grande que soit l'activité de M. Bonvalot, elle ne pouvait suffire à provoquer sur toute l'étendue de la France, le mouvement d'opinion nécessaire. Il fallait atteindre de façon directe les petites villes, même les villages. Le Comité Dupleix y est arrivé au moyen d'un genre de conférences, sur le fonctionnement duquel je crois bon d'insister parce qu'il est entièrement nouveau. J'emprunte les lignes suivantes à *la France Extérieure* du 1er mars 1897 :

« Notre conférence de début a été le Tonkin. Voici de quelle manière nous avons procédé : Parmi toutes les photographies que nous connaissions, nous avons choisi les vingt-cinq qui nous ont paru les plus propres à donner une idée exacte de la physionomie du pays, de ses habitants et de leurs mœurs, etc., et nous avons fait établir avec chacune d'elles cent projections. Chaque série de vingt-cinq projections a été placée dans une boîte contenant également le texte d'une conférence demandée à un colonial compétent. La conférence du Tonkin a été rédigée par M. Sombsthay, professeur à l'École coloniale.

« Les boîtes prêtes, nous les offrons à la Ligue de l'enseignement, et au Musée pédagogique. Le Musée pédagogique les fait parvenir aux inspecteurs d'Académie, et la Ligue de l'Enseignement à ses correspondants. Par les soins de ces deux sociétés, les boîtes parviennent à tous les instituteurs qui les demandent.

« A la fin de l'année, un rapport dressé par les soins de MM. les Inspecteurs d'Académie et les chefs des centres de la ligue de l'enseignement dit le nombre des conférences faites pendant la saison scolaire et le nombre des auditeurs.

« Cette année, nous aurons en circulation une boîte pour chacune de nos colonies. Certaines colonies seront l'objet de deux conférences, l'une retraçant l'histoire de leur conquête, l'autre les montrant sous leur aspect actuel et exposant leurs ressources.

« Nos colonies perdues, comme le Canada et l'Inde française, fourniront aussi le thème de conférences qui ne seront pas les moins dignes d'intérêt et surtout les moins instructives.

« A une époque où tous les esprits sont gagnés à la propagande par l'image, nous croyons inutile d'insister sur les résultats que ne manqueront pas de produire de telles conférences. Nous avons dit que pour chaque colonie, nous avions cent boîtes en circulation. Nous estimons qu'une boîte servira à un minimum de vingt conférenciers. C'est donc environ 2.000 conférences qui seront faites sur toute la surface de la France dans le courant de l'année sur chacune de nos colonies. Si l'on veut bien songer que nos vues sont choisies avec le plus grand soin, que le texte des conférences est écrit par des hommes vivant dans les colonies et les ayant explorées dans leurs moindres régions, en connaissant par suite tous les avantages et toutes les ressources, on comprendra quelle impression, nous arriverons rapidement à produire sur l'esprit de la jeunesse française. Peut-être bien que la solution de la question coloniale que l'on cherche si loin est tout bonnement au fond de ces boîtes. »

Les espérances que nous fondions sur ces boîtes ont été dépassées. Le chiffre de cent qui nous avait paru considérable est devenu bien vite insuffisant. Nous l'avons doublé et sans doute nous devrons l'augmenter encore. Les conférenciers ne veulent plus que des conférences coloniales. Le succès a été constaté par de nombreux journaux, notamment par le *Petit Journal*, dans un article intitulé : *Propagande par l'Image,* et signé Thomas Grimm, paru le 15 janvier 1898.
En voici un extrait :

« Une éducation nouvelle était à faire ; des hommes énergiques et compétents résolurent de se vouer sans bruit, mais avec continuité, à cette tâche patriotique. C'est ainsi que certains d'entre eux se groupèrent autour de M. Gabriel Bonvalot, et fondèrent le *Comité Dupleix*.

« L'une des premières idées de son fondateur fut d'agir sur les jeunes générations et de rendre familières à « leurs yeux » les scènes réelles de la vie coloniale. Puisqu'il semblait difficile de décider le Français à aller voir les colonies par lui-même et visiter les pays avant de s'y installer comme on visite un appartement avant de le louer, il pensa que les colonies devaient venir à lui.

« Que fallait-il ? Quelques conférenciers de bonne volonté, quelques clichés photographiques soigneusement choisis, et l'utilisation pour cette propagande d'une organisation rayonnant sur toute la France.

« Tous les instituteurs français, tous les recteurs d'académie savent depuis un an quel succès ont obtenu auprès de leurs auditeurs jeunes ou adultes les conférences coloniales du *Comité Dupleix*, avec le concours bienveillant des membres de la *Ligue de l'enseignement* et du *Musée pédagogique.*

Comme toutes les bonnes idées venues à maturité, en saison voulue, l'idée de M. Gabriel Bonvalot n'avait en somme rien de sorcier. Le plan en était net et simple, son fonctionnement ne présentait aucune complication. Elle réussit parce qu'elle répondait à un besoin. »

Nos conférences en circulation sont les suivantes : *le Tonkin,* par Sombsthay ; *la Nouvelle-Calédonie,* par Feillet ; *la Tunisie,* par Jules Saurin ; *nos Colonies perdues,* par Arthur Maillet. Nous préparons : Madagascar, l'Algérie etc. Cette dernière colonie sera l'objet de deux conférences : l'une retraçant l'histoire de la colonisation ; l'autre exposant la situation actuelle.

Nous conservons dans nos bureaux une vingtaine de boîtes que nous confions aux conférenciers qui nous les demandent. Elles sont utilisées pour Paris et la banlieue ; elles aussi sont très demandées.

Notre Bulletin.

La *France Extérieure* que nous avons fait paraître peu après la fondation du Comité Dupleix est loin d'être la publication que nous rêvons. C'est un simple bulletin, sans autre prétention que de créer un lien entre nos souscripteurs et nous. Pourtant on a bien voulu nous dire, à diverses reprises, qu'il s'y trouvait des idées qu'on ne trouvait pas ailleurs. Nous avons été très sensibles à ce compliment. Prochainement, la *France Extérieure* sera remplacée par une publication beaucoup plus importante qui, nous en sommes convaincus, sera bien accueillie par tous ceux qui partagent nos préoccupations. Son titre qui à lui seul vaut un long programme sera : *la France de Demain,* ou un titre analogue.

Volumes et brochures.

Nous avons publié plusieurs brochures. Deux d'entre elles ont eu le vif succès qu'elles méritaient si bien : *En Afrique Australe,* par Gindre et les *Débuts d'un Émigrant en Nouvelle-Calédonie,* par Michel Villaz.

M. Gindre est le type même du jeune colon que nous nous efforçons de former. Il appartient à une famille de riches industriels. Il n'a pas été poussé vers les colonies par la nécessité de fuir des créanciers, de reposer ses nerfs fatigués ou simplement par le désir de l'*autre chose.* Sa vocation lui est venue uniquement de la conviction que les colonies offraient à son activité un champ d'expérience plus intéressant et plus riche que la métropole. Il procéda avec la sagesse que nous recommandons avec tant d'insistance à tous les jeunes gens qui nous demandent conseil. Pour savoir dans quelle colonie et à quelle place de cette colonie il devait se fixer, il a fait un voyage de reconnaissance. C'est le récit de ce voyage qui a été publié. M. Gindre, avec une vocation mûrie, avec une documentation précise, est revenu en France où rapidement il a trouvé les capitaux nécessaires à son exploitation. Son exemple ne peut manquer d'être fécond. D'autres jeunes Français, à l'instigation du Comité Dupleix, sont déjà partis; d'autres vont partir.

M. Michel Villaz est un comptable parisien qui un beau jour se dégoûta du *Doit et Avoir.* Il se mit en route pour la Nouvelle-Calédonie, avec le capital de

5.000 fr. exigé par le ministère. Il prit la pioche courageusement et joyeusement. Aucune fatigue, aucun déboire ne le rebuta. Afin d'attendre, sans trop écorner son capital, la récolte de ses plants de café, il éleva des poules, un cochon. Il bâtit aussi une maison. Sa vie fut en tous points, semblable à celle de Robinson Crusoé. Il ne voyait que fort rarement quelques autres colons dont les concessions étaient situées à une longue distance de la sienne. Son unique distraction était d'écrire par chaque courrier à son frère resté à Paris, les moindres détails de sa vie. Ces lettres sont familières et spirituelles comme la conversation d'un parisien. Elles nous furent communiquées et nous insistâmes pour qu'on nous permît de les publier. Les journaux en ont parlé avec de grands éloges. Voici en quels termes Henry Leyret le premier l'apprécia dans le *Journal* :

« J'ai lu, ces jours-ci, une brochure publiée sous le patronage du Comité Dupleix. Elle est intitulée : *Débuts d'un Émigrant en Nouvelle-Calédonie*. Je voudrais qu'elle fût répandue aux quatre coins de la France, tant je la juge instructive. Comme le titre l'indique, l'auteur est un nouvel émigrant — M. Michel Villaz — qui, sous forme de journal adressé à son frère, note au jour le jour, une année durant, ses sensations de colon, les progrès de ses travaux, ses petits ennuis, ses efforts, ses déboires, ses succès. Ce récit à bâtons rompus, est tout à fait passionnant Avec cela amusant et frais comme un roman vécu, il se lit d'une seule traite, dans l'intérêt le plus vif. Or, qu'y trouve-t-on? Tout simplement le spectacle d'un homme aux prises avec les mille difficultés de son apprentissage de colon! Mais c'est bien d'un *homme* qu'il s'agit, et rien qu'à le voir se mettre à l'œuvre le premier jour de son installation, on devine qu'il triomphera de tous les obstacles de la nature par son acharnement et sa bonne humeur.

« Ce que je veux surtout retenir de ce journal si alerte

et si pittoresque, c'est l'enseignement qui s'en dégage pour les aspirants-colons. A Paris, M. Michel Villaz était comptable. Transplanté volontairement à Sarraméa, soit à 134 kilomètres de Nouméa, dans la brousse, en pleines forêts vierges, au milieu des tribus canaques, le voici maître d'une concession absolument inculte. Rien pour s'abriter, rien pour se nourrir, rien... si ce n'est la nature et ses ressources ! Vous croyez que M. Villaz va gémir, se plaindre, s'étonner, regretter « le boulevard » ? Que non ! Tout de suite, il met habit bas, il retrousse ses manches, il se fait bûcheron, menuisier, il élève une maison, puis il pêche, il chasse, il boulange, et, tout à la fois, le voici jardinier, planteur, fermier, éleveur, que sais-je encore ! Une année ne s'est pas achevée qu'il possède une caféirie importante, des bananiers, des ananas, des manguiers, des mandariniers, des citronniers, des champs de maïs, basse-cour, verger, potager, et, au milieu de ses 130 hectares, court un fil téléphonique qui le met en communication avec les colons ses voisins ! Résultat si magnifique que des parents, des amis de Paris accoururent le rejoindre en Nouvelle-Calédonie. »

A quelques semaines de là, Francisque Sarcey, dans les *Annales politiques et littéraires*, s'occupa également de la brochure de Michel Villaz. Je le cite :

« A Paris, M. Michel Villaz était comptable : un poste qui lui rapportait peu et sans avenir. Il se sentait capable de mieux ; il avait un grand esprit d'initiative, une âme forte, des connaissances très variées et un petit capital. Il s'embarqua pour Nouméa, avec l'idée bien arrêtée chez lui de fonder là-bas un grand établissement.

« Il obtint, à 140 kilomètres de Nouméa, dans la brousse, en pleine forêt vierge, au milieu de tribus canaques, une concession de terres parfaitement incultes et qui semblaient n'avoir jamais été défrichées. Rien pour s'abriter, rien pour se nourrir. Combien de Parisiens, à la place de M. Michel Villaz, auraient reculé d'effroi, gémi sur leur malheureux sort, regretté le boulevard, et pris, pour s'en retourner en France, le premier bateau prêt à partir.

« M. Michel Villaz ne s'attarde pas à ces plaintes vaines. Il met habit bas et retrousse ses manches ; il se fait bûcheron, menuisier, maçon ; il élève une maison ; puis il pêche, il chasse, il pétrit son pain, et le voici tout à la fois jardinier, planteur, fermier, éleveur, que sais-je encore? Une année ne s'est pas achevée qu'il possède une importante plantation de cafés, des ananas, des bananiers, des manguiers, des citronniers, des champs de maïs, basse-cour, verger, potager, et le reste. Au milieu de ses 130 hectares court un fil téléphonique, qui le met en relations avec ses voisins. Les résultats sont si magnifiques et si probants, que des parents et des amis de Paris, séduits par les récits qu'il fait de sa vie libre, accourent le rejoindre en Nouvelle-Calédonie. »

M. Jules Lemaître dans le *Figaro* a, lui aussi, loué cette brochure de la façon la plus chaude :

« Le petit livre dont je veux vous parler, écrit-il, est intitulé : *Débuts d'un Émigrant en Nouvelle-Calédonie*, par Michel Villaz. Il se vend 75 centimes. Il est écrit sans art. Mais peut-être dépasse-t-il en intérêt tous les romans de cette année, et les pièces de théâtre pareillement.

« M. Villaz végétait à Paris, où il était comptable. Il part pour la Nouvelle-Calédonie avec 5,000 francs ; il choisit une « concession » à 134 kilomètres de Nouméa et à 16 kilomètres de La Foa, le plus proche village. Et puis, débrouille-toi! M. Villaz s'est débrouillé. L'ancien rond-de-cuir s'est fait bûcheron, terrassier, maçon, charpentier, menuisier, éleveur, boulanger, jardinier, planteur. Il n'a eu recours que sobrement aux services des ouvriers européens ou canaques. Il s'est habitué vite au travail de la terre. Dès la fin de sa première année, il se tirait d'affaire, avec sa basse-cour, ses porcs, ses vaches, ses ruches, son potager ; et il avait planté, pour commencer, 4,000 caféiers, qui rapporteront dans trois ans, et auxquels je souhaite de tout cœur un ciel propice. Et alors il s'est trouvé si bien qu'il a appelé auprès de lui son frère et ses deux nièces.

« Or, M. Villaz a fidèlement noté sur un carnet, chaque jour, en quelques lignes, l'emploi de sa journée, ses es-

poirs, ses succès, ses déceptions, ses joies, et la tempéra-
ture, et la pluie, et les orages, et sa lutte contre le ciel et
la terre, et contre les rats et les émouchets. Et, tous les
quinze jours, en envoyant son carnet à son frère, il y ajoute
quelques réflexions pratiques. — Tout cela, comme j'ai dit,
sans aucun art, heureusement! Mais ce journal, dans son
humilité, est du même intérêt humain que l'illustre *Robinson Crusoé* et rend, en sourdine, le même son moral. »

Le livre de Michel Villaz, grâce à ces articles si élo-
gieux a été répandu aux quatre coins de la France.
Nous avons la conviction qu'il exercera sur le peuple-
ment de la Nouvelle-Calédonie un effet des plus effi-
caces. Jusqu'à ce jour, on s'était borné à remettre
aux aspirants colons des monographies contenant de
sèches nomenclatures. Elles ont leur utilité, mais une
utilité purement documentaire. Elles ne sauraient provoquer des vocations.

Notre désir le plus vif est de publier pour chaque
colonie un livre analogue. Mais nos autres colonies
possèdent-elles des Michel Villaz? Je le crois. Si les
gouverneurs voulaient bien chercher, ils en découvri-
raient sûrement. Du reste, beaucoup de nos fonctionnaires coloniaux sont des lettrés et ce serait pour eux
une besogne singulièrement agréable que d'écrire,
sous une forme très simple et très claire, des récits
du genre de celui de M. Michel Villaz. Ils trouveraient
facilement les documents nécessaires. De tels livres
ont eu en Angleterre et en Amérique une influence
considérable.

Le récit de M. Gindre s'adresse aux jeunes gens
riches, susceptibles de devenir des chefs d'exploitation, celui de M. Michel Villaz s'adresse aux colons
disposant d'un petit capital. Nous insistons là-dessus,
pour faire comprendre qu'en les publiant, nous avons
songé aux deux catégories de colons dont on doit
favoriser le départ.

La Nouvelle France, par Eugène Guénin.

M. Eugène Guénin a entrepris une histoire de la colonisation française. Un volume a déjà paru. En le lisant, M. Bonvalot préoccupé de la publication de la série des *Hommes d'action* dont nous parlons plus loin, fut enthousiasmé par la façon dont l'auteur avait envisagé son sujet et l'avait traité. Il lui offrit le concours financier et le patronage du comité pour ce volume et les suivants. M. Guénin accepta avec empressement et la série entière paraîtra dans ces conditions. Les volumes en seront adressés, avec nos autres publications, à nos souscripteurs. Voici en quels termes j'ai parlé de ce premier volume :

« Le livre de M. Guénin est plus captivant mille fois que *le Dernier des Mohicans.* Nulle part, même dans l'histoire ancienne, on ne saurait trouver autant d'exemples d'initiative, d'endurance et de courage. Mais, qui connaît les noms des Français qui ont accompli ces grandes choses? A peine quelques érudits. Rien de plus regrettable. C'est en oubliant ces beaux exemples du passé et en ayant les regards fixés seulement sur les veuleries de l'heure présente, qu'on finit par se convaincre que l'infériorité française réside en la race elle-même, alors qu'elle réside dans le régime qu'on lui impose et qu'elle supporte si patiemment.

« Le livre de M. Guénin est instructif sur bien des points encore. Notamment, il montre aux prises les races anglaise et française. L'une et l'autre ont déjà les qualités et les défauts qui se manifestèrent dans toutes leurs luttes. L'expérience a fortifié les qualités anglaises, elle n'a eu aucune influence sur nous. Nous avons commis les mêmes erreurs dans l'Inde qu'au Canada et nous continuons à les commettre. Au moindre signe, des milliers de Français se lèvent, prêts à tous les sacrifices, à tous les héroïsmes, mais cela est rendu inutile par la sottise aveugle de nos administrations. »

Les Hommes d'action.

Cette série qui comprendra un grand nombre de volumes d'un format commode et léger a été inaugurée avec l'Histoire de *Cavelier de la Salle*, par Eug. Guénin, et illustrations de Gil Baer. M. Bonvalot a écrit pour ce volume une préface. Précédemment, j'ai expliqué par les lignes suivantes, le programme de cette publication :

« Pour réagir contre tous ces éléments de dépression morale dont est entourée notre jeunesse, nous avons songé à divers moyens dont nous entretiendrons en temps utile ceux qui sont en communion d'idées avec nous. Un de ces moyens est la publication d'une série de volumes où sera racontée la vie des hommes qui par leur seule énergie, leur seule force de volonté ont fait de grandes choses. On a exalté de mille façons les savants, les littérateurs, les artistes, on a décrit leur existence dans les moindres détails. Nous ferons de même à l'égard des hommes d'action que nous choisirons dans les diverses branches de l'activité humaine, mais notamment dans celles qui concourent le plus efficacement et le plus directement à la grandeur et à la prospérité de la patrie. Pour donner à ces volumes tout l'attrait qu'ils comportent, nous les demanderons aux écrivains les plus propres, par leur genre de talent et leur caractère, à en faire des œuvres à la fois captivantes et instructives. Aux époques d'ardente foi, le récit des souffrances endurées par les martyrs donnait parfois aux âmes les plus froides le désir de les partager. Puissions-nous par des exemples bien choisis créer en faveur de l'action une exaltation analogue et ainsi rendre à la jeunesse française l'énergie et la force de vouloir ! »

Dans le courant de chaque année, nous publierons cinq ou six volumes. Le ministère de l'Instruction publique a bien voulu nous y encourager, en honorant d'une souscription ce premier volume qui de la sorte sera envoyé à toutes les bibliothèques scolaires. Nous ne doutons pas que la ville de Paris ne suive cet exemple.

Nos services de renseignements.

J'arrive à nos services de renseignements, c'est-à-dire à la façon dont nous aidons et dirigeons les vocations que cette active propagande fait naître. Tout d'abord, je déclare que nous nous appliquons à exercer une sévère sélection et à évincer toutes les non-valeurs. Cette tâche fut souvent pénible à remplir. Des jeunes gens venaient nous dire : « Vous demandez des colons. Nous voici. Disposez de nous. » Sur cent qui se présentaient ainsi, il en fallait éliminer quatre-vingt-dix environ, parce que, sans qu'ils s'en doutassent le moins du monde, ils n'avaient aucune des qualités propres à faire de bons colons, je veux dire ni argent, ni aptitudes. Les laisser partir était les envoyer au-devant d'un échec certain. Alors à quoi bon? Un colon qui est obligé de rentrer dans son pays, après avoir mangé de la vache enragée et finalement sans avoir réussi, cause les préjudices les plus graves à la cause coloniale. A lui seul, il détruit les résultats de plusieurs années de propagande. Au contraire, le colon qui a réussi constitue la meilleure des propagandes. S'il y en avait seulement cinq cents en France, la tâche du Comité Dupleix deviendrait inutile. N'a-t-il pas suffi qu'un certain nombre de Basques fissent fortune pour qu'un mouvement d'émigration considérable se créât dans ce pays où jamais ne passa un conférencier?

Notre préoccupation dans ce sens n'a cessé d'être en éveil. Aussi espérons-nous que parmi les colons que nous avons conseillés et aidés, bien peu échoueront. Nous nous efforçons du reste, par la voie de la presse, à répandre ces idées dans le public. La colonisation est chose si nouvelle pour les Français qu'ils ont sur elle les idées les plus fausses. Bien du temps encore sera nécessaire pour que leur éducation soit complète. Raison de plus pour ne négliger aucune occasion de les éclairer.

Les parents craignent vivement que leurs enfants courent des risques. Avant de les laisser partir ils aimeraient savoir très exactement quel sera leur genre de vie et ils voudraient qu'il fût aussi dépourvu d'imprévu qu'en France. Comme si cela était possible! Quand nos colonies seront très prospères, que beaucoup de Français y seront établis, cette sécurité existera. Pour l'instant il n'y faut pas songer. C'est à chaque colon de chercher sa place et de s'y installer.

Qu'on ne l'oublie donc pas : nos colonies sont à leur début. Cette situation a ses avantages. Si, elle exige du colon plus d'énergie, plus de sens pratique, elle présente aussi des chances de gain beaucoup plus considérables que dans des colonies très peuplées.

Nous avons insisté sur ces points, pour que nul n'ignore de quels principes nous nous inspirons et qu'on ne nous impute pas des erreurs commises par d'autres.

Dans chaque colonie, nous avons deux sources de renseignements : les renseignements officiels et ceux des colons. Cette double source est indispensable pour avoir des indications rigoureusement exactes, à cause du contrôle qu'elle nous permet d'exercer. Avons-nous besoin de dire qu'envers les gouverneurs des colonies aussi bien qu'envers les colons nous conservons notre indépendance la plus complète ? C'est là un des éléments de notre force et nous le conservons jalousement.

Pour donner une idée de l'importance de notre service de renseignements, nous avons fait établir des statistiques rigoureuses. En moyenne, depuis que le Comité existe, nous avons reçu chaque année *quinze cents visites et cinq mille lettres*. C'est assurément plus que n'en reçoit le ministère des Colonies, dans le cours de plusieurs années.

Nos correspondants à l'étranger.

Convaincus qu'une des principales causes de notre infériorité, sinon la principale, réside en nos goûts casaniers, nous avons décidé d'avoir à l'étranger des correspondants auxquels nous pourrions, en toute confiance, adresser des jeunes Français. Répétons ce que nous avons écrit à ce sujet :

« La cure par le voyage est vraiment merveilleuse. Au Comité Dupleix, il nous a été donné souvent de le constater en écoutant causer des Français, au retour de leur premier voyage. Un changement radical s'est opéré en eux. Ils ont perdu la confiance aveugle en leur valeur qui est comme la caractéristique de notre race, à l'heure présente ils sont effrayés des progrès des étrangers, et ils ont honte de leur immobilité. Tous affirment qu'il n'y a pas une minute à perdre si nous voulons échapper à un désastre irrémédiable. De sceptiques, ils sont devenus d'ardents patriotes et en même temps des hommes énergiques. Le boulevardier le plus endurci ne résiste pas à cette cure. »

Nous espérons que, pour les vacances de cette année, nous aurons des correspondants dans les principales villes de l'Angleterre et d'Allemagne. Cette organisation nous tient très à cœur et nous ne négligerons rien pour qu'elle soit aussi complète que possible.

Nos bourses.

Récemment, pour faciliter la tâche de la Ligue de la jeunesse coloniale, nous avons mis à sa disposition une bourse. J'écrivais dans *la France Extérieure* :

« Le Comité Dupleix ne saurait prendre à sa charge les cent cinquante membres de la ligue, mais il réclame l'honneur de faire partir le premier d'entre eux. Ce sera peu et ce sera beaucoup, car l'exemple sera donné. Nous mettons à notre concours une condition : Le titulaire de cette bourse n'ira pas aux colonies dans l'unique but d'en rapporter un rapport. Il devra s'installer chez un colon et y séjourner le temps nécessaire à son parfait apprentissage. Quand il se sentira capable de diriger convenablement à son tour une entreprise, il reviendra en France et nous avons la conviction absolue qu'il trouvera rapidement des capitaux. On pense bien du reste que notre appui ne lui manquera pas. A qui fera-t-on croire que les capitalistes sont heureux de perdre leur argent dans les mines d'or ou d'en tirer un intérêt de 2 1/2 pour cent? Le jour où il existera de bonnes affaires coloniales — et il en existera quand il y aura de bons colons — ils s'empresseront de desserrer les cordons de leur bourse. Dans le programme du Comité, Bonvalot a écrit cette phrase qu'il ne faut pas se lasser de répéter, parce qu'elle est le nœud de la question coloniale et qu'en dehors d'elle, rien n'est à chercher : « Nos colonies ne jouiront du crédit financier que quand « elles jouiront du crédit moral. » N'est-ce pas l'évidence même?

« La bourse que nous mettons à la disposition d'un membre de la ligue, dans notre esprit, devrait être une simple avance. Le titulaire prendrait l'engagement — engagement moral bien entendu, — de la rembourser à la ligue, dès que la réussite de son entreprise le lui permettrait. Cette somme servirait à faire partir un autre apprenti-colon. Le remboursement devrait aussi être exigé de celui qui renoncerait à la vie coloniale. C'est ainsi que procèdent les Américains, pour la plupart des bourses de leurs écoles, et j'estime qu'ils sont bien inspirés. La dignité du titulaire est entièrement sauvegardée et une même bourse est utile à un grand nombre de jeunes gens. Le remboursement n'effraye aucun candidat, puisqu'il est fait seulement en cas de succès.

« Le Comité Dupleix offre une seule bourse, mais il entend bien ne pas s'en tenir là. Si les compagnies de transport veulent bien accorder des réductions importantes — et pourquoi ne les accorderaient-elles pas? — si les colons ne montrent pas des exigences exagérées, peut-être pourrait-il faire partir de suite plusieurs jeunes gens. Et puis il ne doute pas que son exemple soit suivi. »

L'avenir.

Voilà ce que nous avons fait. Que nous reste-t-il à faire? Beaucoup. On va en juger.

La France marche rapidement vers la décadence. Cela nul ne saurait le nier, puisque c'est l'évidence même. L'Angleterre, l'Allemagne, la Russie et d'autres peuples encore progressent à nos dépens. Tout ce qu'elles gagnent, nous le perdons. Longtemps on a cru à un malaise passager. Cette consolation nous échappe. Il a bien fallu se résigner à reconnaître que si nous étions battus, c'est que nous méritions de l'être. Pendant que nous dormions sur nos lauriers, ou plutôt sur ceux de nos pères, nos concurrents déployaient une merveilleuse activité. Aujourd'hui, ils sont entraînés à la lutte et chaque jour leur apporte un succès nouveau. Si les choses vont de ce train seulement encore dix ans, la France sera au rang de l'Italie et de l'Espagne. A ceux qui en douteraient, je conseille de se livrer à une enquête sérieuse près de nos industriels ou commerçants. Tous ne sont pas encore vaincus, mais tous sont atteints. Le succès a grisé les Allemands ; ils ne connaissent plus d'obstacles.

Des penseurs, des philosophes n'ont pas attendu l'heure présente pour constater le mal et chercher à l'enrayer. Prévost-Paradol, Renan, Raoul Frary, ont écrit là-dessus des études qui, en leur temps, ont fait du tapage. Ils ont indiqué des remèdes. Plusieurs ont été appliqués, d'autres étaient inapplicables. Quoi qu'il en soit, notre situation n'a fait qu'empirer. Nous nous bornons à le constater, sans vouloir insister sur les erreurs de ces écrivains auxquels manquait surtout la connaissance des réalités. Ils se laissèrent égarer par leur érudition ou par leurs rêves. Mais de ce que ces hommes distingués se sont trompés, s'ensuit-il que tous ceux qui auront les mêmes préoccupations rencontreront le même écueil ? Nous ne le pensons pas. En tout cas, nous sommes bien sûrs que ce n'est pas le moment de se laisser aller au découragement et à l'inaction.

Depuis que le Comité Dupleix fonctionne, nous avons été en relation avec des milliers d'hommes de toutes les catégories et de tous les âges, qui cherchaient des situations pour eux-mêmes, pour des fils ou des parents. Or, presque tout de suite, la conviction s'est imposée à nous, avec l'évidence la plus absolue, que les Français possédant les qualités requises pour les luttes actuelles sont excessivement rares. Nous sommes à l'égard des peuples étrangers comme des soldats armés de fusils à piston à l'égard de soldats armés de fusils Gras. La comparaison a beaucoup servi, mais je n'en connais pas qui rende mieux ma pensée.

La question coloniale est certes de la plus haute importance et jamais nous n'avons songé à la négliger, mais nous sommes arrivés à nous dire que les qualités qui font un bon colon sont aussi celles qui font un bon industriel, un bon négociant. Si donc on pouvait inculquer ces qualités aux jeunes Français, on résoudrait la question industrielle et commerciale, en même temps que la question coloniale.

Mais comment les leur inculquer? A ce sujet, notre opinion est faite. Le remède est dans l'éducation, non ailleurs. Dans son discours de la Sorbonne, Bonvalot le déclara très nettement et les applaudissements qu'il reçut montrèrent à quel point ses idées étaient partagées.

Ce point acquis, il reste à savoir quelles modifications doivent subir nos méthodes d'éducation. C'est pour nous éclairer que nous avons adressé un questionnaire (1) à toutes les personnes ayant autorité pour dire leur mot sur pareil sujet. L'enquête suit son cours. Nous publierons toutes les réponses dans notre revue et ensuite nous les réunirons en un volume qui sera tiré à un très grand nombre d'exemplaires.

Lorsque la consultation sera terminée, nous constituerons une commission qui élaborera un programme de réformes. Puis nous organiserons sur toute la surface de la France une agitation, au moyen de nombreuses conférences et de publications. Si nous ne nous trompons pas, c'est-à-dire si la France n'est pas irrémédiablement mûre pour la décadence définitive, et, si au contraire elle a hâte de reprendre son rang à la tête des nations européennes, une telle agi-

(1 Voir ce questionnaire page 36.

tation ralliera tous les suffrages. L'opinion publique étant ainsi préparée, il sera facile de faire pénétrer le programme à la Chambre et d'obtenir d'elle les lois nécessaires.

Ceux qui sont au courant de l'histoire économique de l'Angleterre se souviennent de l'agitation provoquée par Cobden, au sujet des lois céréales. Eh bien, nous rêvons d'organiser une agitation analogue. Est-ce de la présomption? L'avenir répondra pour nous.

Dans un article du *Figaro* (16 février) consacré au Comité Dupleix, Jules Lemaître a écrit : « Tous les bons Français doivent connaître l'adresse du Comité Dupleix, 26, rue de Grammont. »

Avons-nous besoin de dire que nous avons été très sensibles à ces paroles si flatteuses, qu'elles nous ont été une récompense et un encouragement et que nous nous efforcerons de les mériter de plus en plus?

Arthur MAILLET.

ENQUÊTE

SUR LA NÉCESSITÉ DE RÉFORMER NOS SYSTÈMES
D'ÉDUCATION ET D'INSTRUCTION (1)

Depuis la cérémonie du 17 janvier à la Sorbonne où
fut fêté avec l'éclat que l'on sait le bi-centenaire de
Dupleix, il est peu de personnes en France ou à l'é-
tranger qui ignorent l'existence du *Comité Dupleix*
que Gabriel Bonvalot fondait, il y a trois ans environ,
avec le concours de quelques personnes dévouées.
Mais bien peu ont une idée très exacte de son but
véritable. On voit généralement en lui une société tra-
vaillant au développement de nos colonies. Il est cela,
mais il est plus. Le Comité Dupleix intimement con-
vaincu que nos déboires coloniaux, — tout comme les
autres, du reste — viennent de ce que nous n'élevons
pas nos enfants en vue des devoirs qui leur incombent,
a résolu de poursuivre, par tous les moyens possibles,
une réforme radicale de nos systèmes d'éducation.
Aussi *la France Extérieure*, pour bien affirmer ce
but et sa volonté de l'atteindre, porte en exergue ces
mots que Goethe disait à Eckerman, un jour qu'il
l'entretenait de la nécessité de réformer la jeunesse
allemande, alors complètement enfoncée dans l'abs-

(1) Nous prions instamment toutes les personnes que les questions
d'éducation et d'instruction intéressent, de bien vouloir répondre
au questionnaire qui suit cet article.

traction et la spéculation : « Commencez par les écoles et vous réussirez. »

D'abord G. Bonvalot n'insista pas trop sur ce côté de son programme, parce qu'il ne voulait effaroucher aucune des bonnes volontés qu'il sollicitait, mais la séance de la Sorbonne lui a montré que le moment était venu de parler clair et de réclamer hautement une réforme dont dépend l'avenir de la France.

Le dévouement de tous ceux qui jouent un rôle actif au Comité Dupleix est grand. Certains d'entre eux ont fait de ces questions d'éducation une étude constante. Mais ils n'ont pas la prétention d'en avoir trouvé la solution et ils ont eu l'idée de convier tous ceux qui ont les mêmes patriotiques préoccupations à exprimer leur avis.

*
* *

Ces premières explications données, que l'on me permette d'indiquer très exactement à quoi tend l'enquête que nous entreprenons. On trouvera plus loin un questionnaire, mais sa concision eut peut-être laissé quelques esprits s'égarer hors de la question.

Il est trois nations dont la puissante vitalité, les incessants progrès nous remplissent d'étonnement : l'Angleterre, l'Amérique et l'Allemagne. Alors que nous déclinons, elles progressent. Pourquoi ? Les écrivains, économistes, philosophes qui ont voyagé dans ces pays, ont étudié de près leurs mœurs, répondent à cette question avec un accord parfait : *tout dans leurs méthodes d'enseignement tend à développer*

l'initiative et la volonté. Au contraire, dans les nô-
tres, *tout tend à annihiler ces qualités.* Nous ne lut-
tons plus à armes égales. Cette éducation défec-
tueuse a arrêté net notre essor et déjà les autres ont
pris sur nous une avance considérable.

Je n'insisterai pas sur les méthodes anglaises qui
nous sont connues. L'Exposition de Chicago a eu
l'immense avantage de nous révéler les méthodes
américaines. Paul Bourget, de Rousiers, de Couber-
tin, Mlle Dugard, pour ne citer que ceux dont les
noms viennent sous ma plume, ont pris occasion de
la *World's fair* pour faire une étude approfondie de
l'éducation américaine et ont ainsi remonté à la
source même de cette volonté qui a enfanté tant de
miracles. Ils ont été unanimes à constater qu'elle était
un germe qu'on déposait dans la cervelle des jeunes
Américains et qu'on ne cessait de cultiver jusqu'à
son entier développement. Les Américains font des
hommes d'action, comme on fait des chevaux de
course, par un entraînement rationnel. Mlle Dugard
est un professeur du lycée Molière qui a écrit son
livre au point de vue tout spécial de l'éducation.
Quelques citations vont édifier ceux que l'étude de
l'éducation américaine n'a pas encore sollicités :

« Lorsqu'on cherche à dégager l'idée initiale de
cette éducation qui frappe tout d'abord par son caractère de virilité, dit Mlle Dugard, à indiquer ce qui en
fait la force et la différencie de l'éducation latine,
un mot aussitôt s'impose : *Former des hommes.* »

Je cite encore Mlle Dugard : « La force du caractère
prime celle de l'intelligence, dit Emerson, et ce phi-
losophe le plus transcendantal cependant des idéa-

listes, tout imprégné d'Hegel et de boudhisme indou et en apparence le plus dédaigneux de la réalité, ne cesse d'exalter au-dessus de toutes les vertus *l'énergie*, car, il dit-il, *la vie n'est pas affaire d'intellectualisme, ni de critique, mais d'action.* » — « Que le professeur n'oublie jamais, disent les circulaires, *que chaque élève est un citoyen américain* et que dans tous les enseignements et en particulier dans celui de la géographie et de l'histoire, *c'est la question de patriotisme qui doit dominer afin d'inspirer à l'enfant une admiration presque sans bornes pour la grande nation qu'il doit appeler sienne.* » — « Nous prenons pour accordé, disait au Congrès de l'éducation un inspecteur de l'Ohio, que *la formation du caractère est le but suprême de l'école* et par conséquent que la culture morale est son premier devoir et nous pensons aussi que le développement de l'énergie droite est l'élément essentiel de la culture morale. »

Et plus loin : « *Au lieu de dresser une barrière entre l'enfant et le monde, de faire de l'École et du Collège un milieu factice fermé à la vie du dehors, qui n'y pénètre que clandestine et par conséquent faussée et de laisser à l'inexpérience des vingt ans le soin de former le jeune homme à la vie,* — au prix de quelles déceptions et souvent de quelles chutes, on le sait, — *on pense ici que l'éducation entière doit être une préparation à l'existence.* » — « Rappelez-vous, disait à ses professeurs le fondateur de l'Université de Leland Stanford Junior, exprimant à ce sujet l'opinion générale, que les jeunes gens que vous préparez aux grades universitaires ne *doivent pas être seulement des savants, mais qu'ils doivent avoir une volonté ferme,* the knowledge of life, *la connaissance de la vie.* »

La place me manque pour dire avec de suffisants détails par quels moyens les Américains atteignent un si louable but. Cela sera mis en évidence ultérieurement par notre enquête. Je me borne à dire aujourd'hui qu'ils proscrivent l'internat comme le plus débilitant des systèmes pour la santé et la volonté ; qu'ils considèrent que le châtiment affaiblit l'énergie plus qu'il ne la développe ; qu'ils ont la même opinion des récompenses. Leur désir de ne pas comprimer la volonté de l'enfant est tel que dans les collèges on ne lui demande aucun compte de son temps, qu'il étudie où il veut, à la bibliothèque ou au parc, qu'il sort et rentre à toute heure de la nuit etc. Mais s'il abuse de cette liberté, s'il ne fait pas des efforts sérieux, après avoir été averti plusieurs fois et avoir été privé de quelques privilèges, on le renvoie. Voilà toute la discipline américaine.

*
* *

Nos méthodes d'enseignement français, on les connaît. Les critiques ne lui sont pas ménagées par les voix les plus autorisées. M. Lavisse leur a porté de terribles attaques. Chaque jour elles en reçoivent d'autres. Dans un livre récemment paru, j'ai lu des critiques que je demande la permission de citer, car elles sont de nature à rallier tous les esprits et, de plus, elles semblent avoir été écrites pour faire un contraste frappant avec les théories américaines exposées plus haut.

L'auteur, M. Eugène Poiré, s'exprime ainsi : *Notre enseignement théorique a gardé son caractère des siècles passés, lorsqu'il s'adressait à une partie limitée de la nation et avait pour objet à peu près exclusif de créer une sorte d'aristocratie intellectuelle ; à tous les degrés il semble qu'on s'ingénie à introduire dans le cerveau des jeunes Français la plus grande masse de notions qui leur seront les moins profitables dans la vie.*

Et encore : *Dans l'ensemble des instituts ouverts à la bourgeoisie aisée, l'enseignement classique prépare aux professions dites libérales et ne prépare qu'à elles. Il écréme en quelque sorte la jeunesse au profit des fonctions publiques, des offices ministériels, du barreau et de la politique, toutes carrières déjà trop encombrées qui bien qu'estimables en elles-mêmes, sont, par rapport à la richesse nationale, des carrières improductives. Il commet alors une injustice désastreuse, envers les carrières vraiment utiles, agriculture, industrie, commerce qui, si elles n'étaient pas appauvries de leurs sujets d'élite par le collège, développeraient à l'infini soit en France, soit dans les colonies, les forces économiques de la nation.*

Parlant des études purement littéraires et spéculatives, après avoir reconnu que leur étude doit être entretenue vigilamment mais confiée à une élite intellectuelle restreinte, M. Poiré dit d'elles : *Quand elles ne visent pas un but déterminé elles nuisent. Elles nuisent en détournant des voies pratiques, en ne créant que des hommes sans énergie, sans idéal viril*, *entichés du fonctionnarisme, ployés d'avance sous toutes les sujétions.*

*
* *

J'ai gardé l'Allemagne pour la fin, afin d'avoir un argument solide à opposer aux personnes qui pensent que réformer l'éducation d'une nation vieille comme l'est la France est chose impossible. A ces personnes je rappellerai qu'au début de ce siècle, l'Allemagne n'avait ni unité, ni force, que c'était un assemblage incohérent de petits peuples en proie à l'inertie. Napoléon les réveilla.

Et alors, des hommes au patriotisme ardent et éclairé se levèrent qui firent en faveur d'une renaissance de l'Allemagne une admirable campagne dont nous connaissons le résultat. Dès le début, ils virent clairement que la cause de cette décadence profonde était dans l'éducation. De là naquirent les systèmes de Kant, de Pestalozzi et de Fichte qui partent du même principe que le système américain, à savoir que les qualités qu'on doit développer avant toutes les autres c'est le patriotisme et la volonté. *Volonté, énergie,* ces mots reviennent à chaque ligne des écrits de ces philosophes allemands comme dans ceux des éducateurs américains.

Parlant de ses *discours à la nation allemande* qui eurent une importance essentielle sur l'unité en ce pays Fichte écrivait : « Ils s'adressent à tous ceux qui aspirent à la réalisation d'une nation parfaite et qui dans ce but reconnaissent la nécessité de recourir à une *science de l'éducation qui forme vraiment les hommes.*

Ce que les Allemands ont fait, ne pouvons-nous le faire? Notre éducation a-t-elle été encore plus pernicieuse que ne l'avait été la leur et en nous enlevant l'énergie nous a-t-elle enlevé du même coup le patriotisme? Il y a encore bien des Français qui ne peuvent se résoudre à le croire. Nous sommes de ce nombre et nous demandons aux autres de venir à nous.

Pour l'enquête que nous entreprenons, nous consulterons tous ceux qui sont autorisés par leurs fonctions, par leur notoriété à prendre la parole dans un débat de si haute importance et nous avons la ferme espérance qu'une telle consultation aura pour résultat d'émouvoir non seulement l'opinion publique mais aussi nos gouvernants qui ne semblent nullement se douter de quelle grave responsabilité ils sont chargés devant l'avenir.

Durant ce siècle nous avons gaspillé plusieurs générations successives. Nous sommes arrivés à l'extrême fin de nos réserves et la génération qui se lève, celle qui est assise ou va s'asseoir sur les bancs du collège est peut-être bien notre dernier enjeu dans la partie engagée avec tant d'âpreté entre les grandes nations d'Europe. Pour avoir le courage d'entreprendre une tâche aussi considérable que les réformes radicales de nos systèmes d'éducation, considérable surtout en raison des nombreuses inerties qu'elle troublera et des nombreux intérêts privés qu'elle lésera, il faut constamment avoir à l'esprit cette vérité que notre enquête ne manquera pas d'affirmer.

Arthur MAILLET.

(*France Extérieure*, mai 1897.)

Voici le questionnaire que nous adressons aux personnes dont nous sollicitons les avis :

Êtes-vous d'avis que nos méthodes d'éducation ne répondent nullement aux besoins de notre époque et qu'elles sont les principales causes, peut-être l'unique cause de la plupart de nos infériorités à l'égard d'autres grandes nations telles que l'Angleterre, l'Amérique et l'Allemagne?

Chez ces peuples, tout dans l'éducation tend à développer au plus haut point le sentiment du devoir moral ainsi que l'énergie et l'initiative; chez nous au contraire, tout tend à atténuer ces qualités.

Êtes-vous d'avis qu'il est devenu indispensable, sous peine de voir la France perdre son rang de grande nation, de réformer au plus vite nos méthodes d'éducation?

Comment opérer cette réforme?

Devons-nous adopter en bloc les méthodes anglaises et américaines, ou simplement devons-nous nous inspirer de leur esprit pour élaborer une méthode plus en rapport avec notre caractère national et nos traditions?

Comment faire comprendre à nos législateurs la nécessité d'une telle réforme?

A la suite des victoires de Napoléon, des écrivains allemands par d'ardentes campagnes réveillèrent le patriotisme de leurs concitoyens et créèrent en faveur de la réforme de l'éducation, une agitation qui réussit pleinement et amena la renaissance de cette nation. Êtes-vous d'avis qu'une même agitation peut être organisée en France et qu'elle aurait le même succès?

Ne pensez-vous pas que le principal obstacle aux réformes de l'éducation dans le sens anglais ou américain, viendrait de la tendresse trop timorée des mères françaises pour leurs fils?

Votre opinion sur le service militaire? Le service militaire de trois ans n'est-il pas une entrave considérable pour le développement de la France? Il ne répond pas au principe d'égalité qui l'a inspiré, puisque 50 % environ des conscrits, y échappent, au moyen d'examens et de diplômes. Par quoi le remplacer?

NOTA. — Il est entendu que ce questionnaire peut ne pas être suivi à la lettre. Il n'a rien d'absolu. Si les personnes que nous consultons trouvent des points plus intéressants à traiter, nous les prions de ne pas y manquer.

PROGRAMME

DU

COMITÉ DUPLEIX

Dans le courant de l'année 1894, M. Gabriel Bonvalot, le célèbre explorateur, avec l'aide de quelques hommes au patriotisme éclairé et aux sentiments généreux, fonda le *Comité Dupleix des colonies françaises*, ayant pour but principal « d'attirer l'attention sur les colonies, de les faire mieux connaître et de préparer à la vie coloniale les Français susceptibles de devenir colons ».

Dans le Bulletin que publie le Comité et qui s'appelle *France Extérieure*, M. Bonvalot a éloquemment expliqué son programme, dans les termes suivants :

Nous avons voulu donner à notre Bulletin un titre qui indiquât immédiatement notre principal but et qui contînt en quelque sorte notre programme. Il est vrai que nous aurions pu l'appeler, avec non moins de raison, *l'Avenir de la France*, car l'avenir de notre pays est l'objet de nos constantes préoccupations, Mais notre action ayant surtout pour but l'utilisation et la mise à profit des domaines récemment acquis qu'on a dénommés pittoresquement : France noire, France jaune, etc., nous avons donné à notre Bulletin un titre résumant tout cela : la *France Extérieure*.

Après avoir regardé patiemment, pendant de longues années, les divers peuples agir à la surface du globe, en nous plaçant à un point de vue français, après avoir soigneusement examiné les causes de leur force ou de leur faiblesse, après avoir longuement médité sur cet ensemble de conditions qui font le caractère de notre peuple, à une époque donnée, — nous sommes arrivé à cette conclusion que notre France extérieure ne mériterait vraiment ce nom que le jour où la France intérieure s'en occuperait sérieusement.

Nous avons conclu qu'il est indispensable de nous remettre à chaque instant en mémoire quelles fautes furent autrefois commises sous la Royauté, pour que la République ne les commette pas à son tour ;

Que les Français doivent savoir que les hommes ne leur ont pas manqué et ne leur manquent pas pour faire de grandes choses, mais qu'il faut les mettre à leur place ;

Qu'il faut les y laisser, jusqu'à ce qu'ils aient donné la mesure de ce qu'ils peuvent ;

Qu'il faut leur pardonner des fautes et se garder, à leur sujet, de jugements qui sont souvent téméraires, parce qu'en matière de colonisation, on les porte à une distance telle que les faits apparaissent déformés à ceux qui, en toute bonne foi, osent trancher de loin sans connaître bien les circonstances et les milieux ; d'où le nom de *Dupleix* comportant tout cela, choisi pour notre Comité.

Oui, nous l'avons placé sous le patronage du conquérant et de l'organisateur d'un empire aux Indes, perdu par la maladroite ingérence de la métropole. Nous voulons, par ce nom d'un homme de génie mort dans la misère, rappeler les enseignements du passé aux Français insouciants, indifférents à leur France extérieure ou aux présomptueux qui s'ingèrent à tort et à travers dans les affaires coloniales. Et l'on ne saurait trop insister sur ce point, car notre empire colonial réclame toute notre attention. Si, en Europe, nous sommes condamnés à une prudente et énergique politique d'attente, hors d'Europe, il nous faut agir vite quoique avec assez d'à-propos pour ne point gaspiller la force qu'un peuple qui craint d'autres responsabilités doit employer avec une extrême parcimonie. Or, tout le monde chez nous est d'accord que ce n'est pas là ce que nous faisons. Et le grand mal est que peu d'entre nous soupçonnent que l'art de la colonisation est infiniment plus difficile que l'art de conquérir.

Nous avons des colonies que nous n'utilisons pas ou à peine. Nous conquérons, nous nous installons, mais nous n'organisons rien, nous ne tirons parti ni de la fertilité de la terre, ni de la richesse de ses entrailles, ni des débouchés offerts à notre exportation, ni des routes commodes ouvertes à notre commerce.

Pourquoi?

C'est que les Français sérieux ne connaissent pas ou connaissent peu les Colonies et qu'ils ne daignent pas y aller.

Les entreprises coloniales se font à l'aveuglette, le plus souvent sans études préalables suffisantes, sans capitaux suffisants, et surtout sans des hommes à la hauteur de la mission qu'on leur confie ou qu'ils s'arrogent.

Nous avons eu récemment de nombreux exemples d'échecs et, si ce n'était retourner le fer dans la plaie, nous pourrions citer des entreprises qui ont sombré et d'autres qui sombrent pour les motifs que nous venons d'exposer.

Il est inutile de rien dissimuler, et il est criminel à notre avis de ne pas dire la vérité à ceux qui ont l'amour de la France et le souci qu'elle continue à longtemps jouer un grand rôle sur la scène du monde. Il faut avouer franchement que, jusqu'à ce jour, notre expansion coloniale consiste surtout à assumer des responsabilités et des charges qui nous épuiseront sans doute comme l'Espagne, qui a commis autrefois la même erreur avec opiniâtreté.

Et les coupables ne sont pas tel ou tel ministère, tel ou tel parti politique, mais les patriotes qui ont le devoir d'intéresser la nation à ces questions et de les prendre en main, tandis qu'ils se bornent à en parler incidemment et à apaiser l'ardeur et le patriotisme avec le bruit des paroles, tandis que la situation réclame impérieusement des actes.

Que faut-il faire?

A notre avis, on peut essayer de remédier à ce déplorable état de chose par une propagande incessante, par une agitation.

Il faut s'adresser aux jeunes, aux enfants, même aux jeunes filles, de sorte que l'idée coloniale pénètre dans la famille par les enfants.

Les Américains consacrent depuis un temps immémorial presque le dixième de leurs publications à la vie du Far West, sur lequel se dirigent les entreprenants.

Et il arrive que le roman du petit Américain est le Far West. Le roman du petit Français susceptible de quitter la mère patrie sera : les *Colonies*.

On peut obtenir ce résultat que de jeunes Français disent : *Je serai colon*, comme d'autres disent déjà : *Je serai médecin, je serai soldat*.

Il faut les préparer à être colons comme à une carrière.

Il faut s'adresser à l'œil des enfants, à leur imagination très facile à impressionner, par les ABÉCÉDAIRES, les ALBUMS, les ALMANACHS, l'IMAGERIE A BON MARCHÉ, par les journaux et les petites revues à l'usage des enfants et des jeunes filles, tels que le *Petit Français illustré*, le *Petit Ecolier*, le *Saint-Nicolas*, le *Journal de la Jeunesse*, la *Nature*, l'*Alliance française illustrée*, la *Revue hebdomadaire*, etc., et à ce propos nous pouvons dire que *nous nous sommes assuré le concours des éditeurs*, ainsi que celui des artistes et des écrivains ayant vécu la vie coloniale.

Il faut également multiplier les *conférences avec projections, impressionner par l'œil* en même temps que *par l'oreille*, et faire ces conférences dans les écoles primaires, professionnelles, industrielles, commerciales, d'agriculture, dans les lycées, et cela mensuellement et sans interruption pendant dix ans au moins.

Il faudrait s'occuper surtout des régions fournissant des émigrants et tâcher d'éviter, par exemple, que *vingt à vingt-cinq mille anabaptistes francs-comtois* s'en aillent au Dakotah comme cela est arrivé, parce qu'ils craignaient la maladresse et l'intolérance de notre administration.

Lorsque l'on constate quels prodigieux résultats les méthodistes, les socialistes d'Allemagne, etc., ont obtenus grâce à une active propagande, nous pouvons espérer des résultats aussi considérables, quoique d'un autre genre. *A force de parler de nos colonies elles ne paraîtront plus aussi éloignées, elles occuperont l'opinion publique,* et les Français comprendront qu'il y a lieu de *s'en occuper sérieusement et constamment.*

Nous espérons qu'à la suite de cette propagande, les Colonies finiront par gagner le *crédit moral* qui leur manque, sans lequel elles n'auront jamais *l'autre crédit* qui provoquera *l'émigration des capitaux* et aussi les hommes de valeur capables de manier utilement ces capitaux.

Ayant préparé des colons, il importe aussi de préparer leur besogne. A cet effet, pendant que nous ferons cette propagande dans la métropole, nous recueillerons les leçons de l'expérience, les renseignements précis et pratiques, parce que nous les demanderons à eux qui ont vu et surtout à ceux qui ont essayé quelque chose ou fait quelque chose. Nous nous adresserons aux résidents, aux administrateurs, aux colons, aux missionnaires, aux militaires, aux marins, aux explorateurs, etc.

Nous choisirons des correspondants dans les Colonies françaises et dans les Colonies des autres peuples, et nous les chargerons de suivre attentivement les expériences diverses qui y seront faites.

Nous nous efforcerons de mettre en rapport les hommes

à idées avec ceux qui sont aptes à réaliser ces idées ou à les soutenir de leurs capitaux.

Nous confierons des missions d'étude, avec objet bien déterminé, à des gens que nous choisirons de notre mieux ; car nous n'avons qu'un principe, un seul, c'est que *le bon ouvrier fait la bonne besogne,* comme disent les Anglais, qui sont nos maîtres dans l'art de coloniser ou de tirer parti des Colonies et des circonstances.

Tel est le programme d'une œuvre d'intérêt national à laquelle s'associeront sans doute les Français qui regrettent que les forces perdues dans la métropole ne soient pas utilisées pour la prospérité de nos Colonies.

PRINCIPAUX SOUSCRIPTEURS

Les idées exprimées par M. Bonvalot dans le programme que l'on vient de lire ont fait, en très peu de temps, beaucoup de chemin. Le Comité Dupleix compte aujourd'hui un grand nombre de souscripteurs, parmi lesquels nous pouvons citer : MM. Hériot ; Gouin, sénateur ; Joseph Gillet et François Gillet, industriels ; Chabannes de la Palice ; Félix Mangini ; Lucien Mangini ; les forges de Saint-Chamond ; Paul et Louis Séguin, ingénieurs ; Muhlbacher, industriel ; d'Orval, agriculteur ; Germain, directeur du Crédit Lyonnais ; Duvigneau de Laneau ; Henri Menier ; Belvalette, industriel ; Duval ; Paul Bluysen ; Janet, membre de l'Institut ; Ferdinand Meyer ; Appel, membre de l'Institut ; Georges Boulland ; Maurice Duclos ; Déchelette, Le Royer, président du Sénat ; Gindre ; Pottecher, maire de Bussang ; Pierre et Alfred Domange ; Revel ; Emmanuel Coppinger ; Bousquet ; E. Brelay ; duc de la Mothe-Houdancourt ; Vincent, notaire ; H. Gindre ; comte de Castries ;

marquis de Dampierre ; Aug. Radison ; Félix Fournier ; Pauliat, sénateur ; duc de Blacas ; Loutreuil ; Soleau ; Magasins du Bon Marché ; Crédit Lyonnais, etc. ; comte de Rosthays ; Maurice de Vilmorin, Jules Hollande, industriel ; Henri Schneider, directeur du Creusot ; Challamel, éditeur ; Ernest Siegfried ; Latham, président de la Chambre de Commerce du Havre ; Joannès-Couvert, président de la Chambre de géographie du Havre ; Marcel et Fernand Ragueneau ; Languet, industriel ; Jules Hollande, industriel ; Ulysse Pila ; Georges Toureil ; Michel Ephrussi ; le Père Didon ; docteur Victorin Ollier ; Colaço Osorio ; Gustave-Roger Sandoz ; Thomas Piétri ; comte du Puy-Montbrun ; comte de Polignac ; marquis de Nazelles ; Paul Bessand ; Magasins de la Belle Jardinière ; Touring-Club ; A. Calvet ; Charles Saint ; Marcel Mangin ; Guinard ; Le Chatellier ; lieut.-colonel Goutenègre ; Fayet ; etc. Citons aussi parmi les principaux souscripteurs : les Chambres de Commerce de Paris, de Saint-Étienne, de Marseille, d'Amiens, de Roanne, du Havre, de Lyon, de Bordeaux, etc.

EXTRAIT DES STATUTS

TITRE PREMIER

Dénomination, but et siège de l'Association.

ARTICLE PREMIER.

Il est formé entre ceux qui adhèreront aux présents statuts une société ayant pour titre : *Comité Dupleix des Colonies françaises.*

ARTICLE 2.

Le Comité Dupleix a pour but principal d'attirer l'attention sur les Colonies, de les faire mieux connaître, de préparer à la vie coloniale les Français susceptibles de devenir colons, et de les y préparer sérieusement comme à une véritable carrière.

ARTICLE 3.

Le Comité Dupleix a son siège à Paris, rue de Grammont, 26.

TITRE II

Des membres du Comité.

ARTICLE 4.

Le Comité Dupleix comprend :
1º Des membres sociétaires ;
2º Des membres adhérents.

ARTICLE 5.

POUR FAIRE PARTIE DU COMITÉ A TITRE DE MEMBRE SOCIÉTAIRE, IL FAUT S'ENGAGER A VERSER, AU MINIMUM, UNE SOMME DE 500 FRANCS PAR AN PENDANT CINQ ANNÉES.

ARTICLE 6.

POUR FAIRE PARTIE DU COMITÉ A TITRE DE MEMBRE ADHÉRENT, IL FAUT S'ENGAGER A VERSER, AU MINIMUM, UNE SOMME DE 25 FRANCS PAR AN PENDANT CINQ ANNÉES.

TITRE III

Droits et avantages des Membres.

ARTICLE 7.

Les membres sociétaires ont le contrôle des opérations de la Société. Ils prennent en assemblée générale toutes les décisions qui importent au Comité Dupleix.

Ils reçoivent toutes les publications qui seront faites par le Comité.

ARTICLE 8.

Les membres adhérents reçoivent toutes les publications du Comité.

TITRE IV

Administration du Comité Dupleix.

ARTICLE 9.

Le Comité est administré par un conseil de dix membres au moins, délégués par leurs collègues du comité d'action.

ARTICLE 10.

Les membres de ce premier conseil d'administration, resteront en fonction pendant les cinq premières années.

ARTICLE 11.

A l'expiration du cinquième exercice, le Conseil d'administration sera renouvelé chaque année, par tiers, par l'Assemblée générale.

Tous les membres sont rééligibles.

ARTICLE 12.

Le Conseil choisit parmi ses membres un bureau composé : d'un Président, de deux vice-présidents, d'un secrétaire et d'un trésorier.

Il choisit également un *Directeur général* auquel il peut confier toutes ses attributions et qui est, dès à présent, M. Gabriel Bonvalot.

ARTICLE 13.

Les membres du bureau sont élus pour trois ans et sont rééligibles.

ARTICLE 14.

Le Conseil d'administration qui a la direction générale du Comité Dupleix, se réunit aussi souvent que l'exigent les affaires et sur la convocation du Président.

ARTICLE 15.

Le Président convoque et préside les réunions du Conseil et les assemblées générales ; sa voix est prépondérante.

Le Président, ou le membre du bureau délégué par lui, ordonnance les dépenses, signe les baux et contrats ainsi que les extraits des délibérations de l'Assemblée générale de la Société.

ARTICLE 16.

Un compte rendu annuel des travaux du Comité Dupleix est rédigé par les soins du Conseil ; il est adressé à chacun des membres sociétaires ou adhérents, comme il a été dit plus haut.

TITRE V

Assemblée générale.

ARTICLE 17.

L'Assemblée générale comprend les membres des deux comités d'honneur et d'action, et tous les membres sociétaires.

ARTICLE 18.

L'Assemblée générale se réunit dans le premier semestre de chaque année, sur la convocation du Président.

EXTRAIT DES STATUTS

ARTICLE 4.

Le Comité Dupleix comprend :
1º des membres sociétaires ;
2º des membres adhérents ;

ARTICLE 5.

Pour faire partie du Comité à titre de *membre sociétaire*, il faut s'engager à verser, au minimum, une somme de **500** francs par an pendant **5** années.

ARTICLE 6.

Pour faire partie du Comité à titre de *membre adhérent*, il faut s'engager à verser, au minimum, une somme de **25** francs par an, pendant **5** années.

ARTICLE 7.

Les membres sociétaires ont le contrôle des opérations de la société. Ils prennent en Assemblée générale toutes les décisions qui importe au Comité Dupleix.

Ils reçoivent toutes les publications du Comité.

ARTICLE 8

Les membres adhérents reçoivent toutes les publications du Comité.

COMITÉ DUPLEIX

26, Rue de Grammont — PARIS .

Je soussigné demande à être inscrit comme membre

____
(Sociétaire ou adhérent)

et m'engage à verser pendant CINQ ANS,

la somme annuelle de ....

.... *le* *189*

SIGNATURE :

Nom : ....

Adresse : ....

Profession : ....

Prière d'écrire lisiblement et de renvoyer à M. ARTHUR MAILLET secrétaire général du **Comité Dupleix** 26, *Rue de Grammont, PARIS*